论语故事

上

真正的人
真实又自由
易中天

易中天 著　胡永凯 绘

浙江文艺出版社
Zhejiang Literature & Art Publishing House

果麦文化 出品

同学们好

以前，小学课文特简单。

第一课叫《开学》。

课文是：开学了。

第二课叫《上学》。

课文是：我们上学去。

第三课叫《同学》。

课文是：学校里同学很多。

哎呀，全是大白话。

同学多，老师便不好当。

有一次，孔子就急了。他说：同学们，难道你们怀疑我隐瞒了什么吗？没有，没有！我没有什么不能公开说的。坦坦荡荡，这就是我孔丘！

这句话，记载在《论语·述而》。

孔子为什么会这样说？不清楚。但是，他门下那帮弟子不好对付，却是事实。有的跟老师顶嘴，有的跟同学吵架。发脾气、闹别扭、犯糊涂，拿各种怪问题刁难老师的，都有。挨老师骂，挨老师批，经常被敲打或者泼冷水的也有，还有一个差点被开除学籍。

反正跟我们班上一样，只是没有谈恋爱的。

哈哈，孔子那里没有女生。

全是男生就更不省心了。何况这帮人里面，有愣头青也有机灵鬼，有乖孩子也有死脑筋。

把他们拢在一起，不容易。

不过，抬杠归抬杠，骂人归骂人，却基本上不影响感情。上课的方式主要是聊天，还有音乐伴奏。如果天气好，就一起去河里洗澡，在树下乘凉，有一搭没一搭地讨论问题，说得兴起还会唱起歌来。

智慧就这样启迪，文化就这样传承。

唉，虽不能至，心向往之。

那就到孔子的班上去看看。

目录

子路的故事

尊严比生命更可贵

雄赳赳，气昂昂，
背起书包上学堂。
老师教我恭俭让，
我跟老师死抬杠。

抬过去，抬过来，
老师骂我不成材。
成不成材没关系，
行军打仗带谁去？

爱带谁，就带谁，
反正不能带颜回。
阿回学问是见长，
哪如阿由是死党！

我想去踏青

听完子路的话，孔子笑了。

尽管不知道当时是春还是秋，但想来那天多半风和日丽，孔子的心情也不错。每到这时，他老人家就会到户外活动活动，或者跟同学们展开课堂讨论。

这次也一样，有四个学生陪着。

六十多岁的老先生便乐呵呵地提问了。

他说：不要因为我是老师，就不敢畅所欲言。我不过比你们大几岁罢了，没什么了不起。平时，你们总是抱怨没人了解自己，找不到工作。现在我问，如果有人愿意聘请你们，你们都想干什么呢？

话音刚落，子路忽地一下就站起来了。

子路就是大弟子仲由。

仲是姓，由是名，子路则是他的字。

古人的名和字是分开的，功能也不同。

名是卑称，字是尊称。

比如孔子，姓孔名丘字仲尼。

他自己称呼自己，就是丘。

别人尊敬他，便要称仲尼。

学生们对他的称呼，则是子，或者夫子。

子和夫子，就是老师。

总之，上级对下级，长辈对晚辈，老师对学生，自己称自己，都要称名，不能称字。反过来，则不但卑者对尊者，就连同辈之间都不能直呼其名。

这就叫礼，否则就是失礼。

所以，孔子管子路叫由。

编辑《论语》的人则叫他子路。

那么，子路为什么会忽地一下就站起来了呢？

站起来是因为先前坐着，而且是按照年龄辈分排排坐的。四个学生中子路年纪最大，入学时间最早，是孔子招收的首批弟子，所以座位离老师也最近。

再加上性子急，说话直，便抢先发言。

这位老兄说：一个有千辆战车的中等国家，夹在大国的中间，外面有战争威胁，内部有饥荒困扰，如果交给我来治理，三年之内，我就能让人民英勇善战，而且顾大局，识大体，懂道理，有办法。

子路那些话，什么意思啊？

这就需要讲一点历史知识。

孔子所处的时期，叫**春秋**。

春秋是诸侯国争霸的时代。

那时，中华大地上有许多半独立的国家，称为**诸侯各国**，也叫**邦国**。维护邦国之间秩序与和平的是那些超级大国，叫**霸主**。

霸主就是号令天下的至强者。

中等规模的邦国，只能跟在后面。

小国则是附庸，连选边站队的资格都没有。

国家的大小主要看军事力量。

超级大国至少得有上万辆战车，叫万乘之邦。

中等规模的，战车以千计，叫千乘之国。

至于小国，则叫百乘之家。

子路想做的，就是中等国家的宰相。

这真是好大的口气！

孔子听了，便微微一笑。

然后问第二个学生：求，你怎么样？

求就是冉求，也就是冉有。求是他的名，有则是他的字。他是第二批学生，比孔子小二十九岁，比子路小二十岁，行政管理能力很强，特别善于理财。

冉有说：方圆六七十或五六十里的小国，如果交给我来治理，三年之内就能让老百姓都富起来。至于礼乐建设，恐怕只能另请高明。

孔子又问：赤，你怎么样？

赤就是公西赤，也就是公西华。赤是他的名，华是他的字。公西华是孔子招收的第三批学生，比孔子小四十二岁，是这次课堂讨论中年纪最小的。

公西华说：我希望穿着礼服戴着礼帽，在举行祭祀接待外宾的时候学习做一名小小的司仪或者主持人。

现在来看这三个学生的发言。

一期的子路，想当中等国家的宰相。

二期的冉有，想当寡民小国的管家。

三期的公西华，只想做司仪或主持人。

他们一个比一个年龄小，也一个比一个姿态低。

孔子最后问：点，你怎么样？

点就是曾点，也就是曾皙。

皙读如析，意思是白，与黑色的点刚好相反。

古人的名和字其实是有关系的。要么意思类同，比如仲由的由跟子路的路。要么相反，点和皙就是。

曾皙的入学时间不清楚，年龄应该比子路小，比冉有大。所以《论语》讲这故事时，他排名第二。孔子最后才问他，是因为前面同学发言时曾皙正在鼓瑟。

瑟是一种二十五根弦的弹拨乐器。

演奏这种乐器就叫鼓。

孔子的课堂上是要有音乐伴奏的。

这次讨论会的演奏员就是曾皙。

孔子问话时，曾皙的乐曲也正好接近尾声，便铿的一声结束了演奏，然后把瑟放下站起身来回答说：我跟前面三位同学的想法不太一样。

孔子说：有什么关系？各言其志罢了。

曾皙便说：

我最向往的，是在暮春三月，换了春装，和五六个青年人、六七个小孩子一起到野外踏青。玩得兴起，先在沂水里洗洗澡，再在祭坛上吹吹风，然后唱着歌儿回家去。

果然，完全不同。

那么，孔子说什么呢？

《论语》的记载是：

夫子喟然叹曰：吾与点也！

喟然叹曰，就是长叹一声说。

那么，什么叫“吾与点也”？

要看“与”怎么解释。

可以是赞许，也可以是跟随。

当然，这两种解释也可以并为一种：

我赞成曾点，我欣赏曾点，我和曾点一起去！

不是讨论工作问题吗？怎么变成踏青了？

就连曾皙，也不知道自己为什么会被夸，因此下课以后他就问孔子：他们三个讲得怎么样？

孔子说：也就是各言其志而已。

曾皙问：那么，老师为什么要嘲笑阿由？

孔子说：治国以礼，仲由说话太不谦虚。

曾皙问：阿求讲的不是治国吗？

孔子说：当然是，冉求的志向也不小。哪有方圆六七十或五六十里还不是邦国的道理！

曾皙问：阿赤讲的不是治国吗？

孔子说：既有宗庙祭祀，又有邦交活动，不是邦国是什么？如果他只做小司仪，谁能做大的？

后面呢？

对不起，没有下文了。

但是我们知道了以下几点：

孔子的课堂上是有音乐伴奏的。

孔子的课堂上是能畅所欲言的。

孔子的学生是可以自由选择职业的。

孔子自己是喜欢春游的。

他也不怎么励志。

这样的老师，大家喜欢吗？

可以肯定的是，子路喜欢。

尽管他经常挨骂。

本节故事见《论语·先进》

治丧事件

子路又挨骂了。

说不清子路挨过多少次骂，反正孔子的学生中他是挨骂最多的。因为子路同学说话做事，都实在不怎么过脑子，只是这次自己也没想到会弄得那么狼狈。

起因是孔子生病，还病得不轻。

但，人都是会生病的，有什么大惊小怪呢？

关键在于子路沉不住气。他脑子一热，就慌慌张张地把一众人等都召集起来说：同学们，同学们，我们的老师恐怕不行了，赶快准备治丧吧！

哈！人还没死，治什么丧？

脑子进水了吗？

倒也不是。

实际上当时的制度，是身份地位特别高的人，临死之前就要成立“丧事委员会”。它的工作，除了提前做好葬礼的所有准备，还要请来入殓师，在病人弥留之际就给他洗澡、化妆、换上新衣服等等。

然后，团团围坐在他身边，等着他死。

这里面的意思也很清楚：我们都很爱戴您！我们都很尊敬您！我们把您的身后事都安排妥帖了，排场体面风光无限，您老人家就放心地走吧！

这是中国古代的临终关怀。

当时的说法，叫**为臣**。

子路认为孔子应该享受这种临终关怀，所以才提出成立“丧事委员会”。那时学生当中，子路辈分最高，是大师兄。他一号召，大家就都手忙脚乱张罗起来。

没想到，孔子病好了。

同学们都很狼狈。

子路当然更狼狈。

孔子却气疯了。

他说：

这就奇怪！

没错，子路这回做事确实莽撞不靠谱，挨骂也是咎由自取。但他其实一片好心，骂骂也就算了，为什么孔子要不依不饶大发雷霆？更让人想不通的是，成立“丧事委员会”这事，跟诈骗又有什么关系？

孔子却说得很明确：

> 久矣哉，由之行诈也！
>
> 无臣而为有臣，吾谁欺？欺天乎？

大致意思就是：仲由这家伙从来不老实，他搞诈骗可谓由来已久，这回居然还绑架了我来行骗，简直做得太过分了！你想让我骗谁啊？欺骗老天爷吗？

孔子为什么要这样说？

原来，享受死前就成立“丧事委员会”的临终关怀是要有资格的。按照礼制，只有国君才能享有。

孔子当然没有这个资格。

所以说是欺诈行为。

但，这个规矩，子路难道不懂？

当然懂。只不过这规矩早就被破坏了，官员们都在死前就成立“丧事委员会”。何况孔子曾在鲁国做过高官，还领着“退休官员养老金”。也就是说，他老人家的身份地位跟那些破坏规矩得到好处的人没有区别。

所以子路认为，别人可以享受的待遇，我们老师怎么就不能有？国家不成立“丧事委员会”，那就由我们自己来组织，反正不能让先生死得窝囊寒酸。

音容宛在

然而孔子的观点却是：

人在做，天在看。

所以他说：你让我欺骗谁？老天爷吗？

这是一个很重要的思想。

我们知道，孔子的时代没有宗教信仰，道德的约束主要靠制度和自觉。制度就是**礼**，礼规定了什么是该做和不该做的，也规定了什么是道德和不道德的。孔夫子终其一生都在维护礼，原因就在这里。

可惜，制度是有可能被破坏的。

春秋，就是礼崩乐坏即制度毁坏的时代。

这样一来，便只能靠自觉、靠良心。

但，制度都靠不住，良心就那么可靠吗？

更不可靠。

唯一的办法，是让人们**心存敬畏**。

心存敬畏，有些事情就不敢去做。

有不敢做的，就能守住**道德底线**。

什么都不怕，才最可怕。

问题是，敬畏谁？

孔子的主张很明确：**敬畏老天爷**。

那么，老天爷又是谁？

这就不大容易说清楚了。但可以肯定，老天爷不是宗教中的造物主，也不是科学中的大自然，又跟造物主和大自然有些相像，有些关系。简单地说，就是老天爷不但创造了我们，而且监督着我们的一言一行。

由此产生了一个概念：

天地良心。

也就是说，良心应该与生俱来，与人同在。

所以，它又叫作：

天良。

丧尽天良，就不是人。

孔子是讲天良的，也是有敬畏的，更对自己的人生选择充满自豪。他说：我为什么一定要死在所谓“丧事委员会”手里？我死的时候有学生们在身边，不是比什么都好吗？就算这样不风光，难道会死在路边吗？

当然不会。

没错，作为老师，有学生就够了，要什么退休官员的特殊待遇，又何必去做出格非分的事情？

这很值得尊敬。

那么，子路是诈骗犯吗？

也不是。

实际上，他就是个愣头青。

所以，子路挨骂，也不是一次两次。

本节故事见《论语·子罕》

愣头青子路

做事不过脑子的子路，常常惹得老师生气。

有一次，卫国想请孔夫子去做官。我们知道，卫是个文明古国，在今天的河南省境内，建政时间跟孔子的鲁国同样早，但到春秋时期已经衰落。帮助衰落的“百年老店”实现复兴，是老先生最最想做的事情。

所以卫国来请他，他很高兴。

同学们也高兴，尤其是政事科的。

且慢！什么叫政事科？

原来，孔子培养学生分学科，共有四个：

德行科：道德品质。

言语科：外交辞令。

政事科：行政管理。

文学科：古籍整理。

很清楚，政事科相当于现在大学里的政治学系。

这个科的学生，最想当官。

子路想当中等国家的宰相。

冉有想做寡民小国的管家。

他们这样想并没有错。不当官，学来的知识就没有用武之地。因此，听说卫国请老师任职，政事科的学生便欢欣鼓舞，感觉看到了前途和希望，同时也很想知道老师当真做了高官，会有什么样的施政纲领。

不过，冉有为人谨慎，心里再痒也不敢说。子路却没心没肺口无遮拦。他冲到孔子跟前张嘴就问：老师到了卫国，要做的第一件事情是什么？

这个问题并不难回答，因为孔子对自己的从政早有思想准备。在他看来，一个国家和社会，最重要的事情是要有秩序，要有规矩。没有秩序，就是乱世。

乱世是不好的。

孔夫子不喜欢，大多数人也不喜欢。

那么，怎样才能不乱呢？

孔子的主张是：

正名。

什么叫正名？

名有三种：

名分：*每个人的身份和地位。*

名目：*事物和事情的名称。*

名义：*行动所依据的资格和理由。*

这三样，都是维持社会秩序的。

关键则在于，大家都认识到名分、名目和名义至关重要不可或缺，而且坚持其正确性和正当性。

比方说：明媒正娶。

古时守与不守这个规矩，有什么区别呢？

聘则为妻奔则妾。遵照父母之命和媒妁之言娶进家来的，名正言顺是妻。私订终身则很危险，弄不好一辈子都只能做小老婆。所以《牡丹亭》里的杜丽娘，甚至早在复生之前，就明确要求柳梦梅明媒正娶，因为私奔的后果很严重。

名，是不是很重要？

难怪孔子说：

名不正则言不顺，言不顺则事不成。

因此他认为，有序的社会就该是：

每个人都有名分。

每件事都有名目。

每次行动都有名义。

而且正确或正当。

不符合这些标准呢？

就叫师出无名。

或者太不像话。

奇怪！做人做事，为什么要“像话”呢？

因为“话”就是名。

名分或名义出了问题，就会有人说闲话。

这就要正名。

所以子路问施政纲领，孔子便踌躇满志地说：

必也正名乎！

这话的意思是：哈！我到卫国掌了权，第一件事情就是先要把每个人的名分，每件事的名目，每次行动的名义，都弄得清清楚楚，明明白白，端端正正。

听了这话，子路差点就扑哧一声笑出来。

子路心想，如今天下大乱民不聊生，当务之急可谓数不胜数，老师你整这些虚头巴脑既不管吃又不管用的玩意干吗？于是难听话便脱口而出：

有是哉？子之迂也！奚其正？

现在看来，子路确实口不择言。因为这话翻译过来大概就是：嘻！老师当真这样想吗？那也太迂腐了吧！正什么名？怎么正？正得了吗？何必呢？

孔子兴致正高，却被劈头盖脸浇了一盆凉水，浑身气都不打一处来。何况这些扫兴话还是学生说的，岂非太不像话？便叫着子路的名当头棒喝：

野哉，由也！

那么，孔子的主张对吗？

这就只能从长计议了。简单地说，要求名正言顺是有道理的。比如出兵他国是侵略还是维和，要看是否得到联合国授权。但名分、名目和名义由谁制定，像话不像话又归谁说了算，则是一个必须讨论的问题。

不过，说子路没有风度倒并不冤枉。要知道一个有教养的人，比如西方的绅士或中国的君子，言行举止都应该彬彬有礼，哪能像子路这样，长辈和老师的话还没说完就一头顶回去，还说得那么难听。

于是孔子骂完，接着便教训子路：

君子对于自己不懂的事情，就应该保持沉默！

可惜，这对子路来说实在太难了。

因为他原本就是野小子。

本节故事见《论语·子路》
孔门四科见《论语·先进》

野小子子路

子路是路边捡来的学生。

那似乎是一次不期而遇，当时的子路则完全是街头巷尾打群架的小混混：头顶上插着公鸡毛，脖子上挂着公猪牙，自以为威武雄壮，还公然挑衅羞辱孔子。

按照常理，接下来就该上演动作片。

这是有可能的。毕竟，当时子路二十出头，孔子才三十来岁，全都血气方刚，还能不弄出车祸现场？何况孔子人高马大，文武双全，会驾车也会射箭。如果真要动粗，子路身上的牙，没准就只剩下公猪的。

然而怎么样呢？

没有这样的剧情。

转折也很离奇：孔子表演了礼乐，子路就服了。

当然，谈话还是有的。

孔子问：你都爱好什么呀？

子路说：长剑。

孔子说：哦哦，我问的是学习方面。

子路说：学习？学习有什么好处？比如竹子，长在南山上，不用加工也是直的。砍下来做成箭，犀牛皮也能射穿。学习？学习有什么好处？

孔子说：箭尾加羽毛，箭头磨锋利，不好吗？

子路心悦诚服。这个粗野好斗的小伙子立即拜孔子为师，成为他最早的学生，也是最忠心耿耿的。

事实上直到六十多岁去世，子路大部分时间都担任孔子的警卫员和驾驶员。有他在先生身边，估计再也没有人胆敢前来挑衅，因为子路肯定老拳伺候。孔子自己也说，自从仲由跟了我，可就“恶言不闻于耳”了。

招生办

结果，难听话便都是子路说的。

不过，老师的话也未必多好听。

有一天，子路在孔子那里鼓瑟。

前面说过，孔子的课堂上要有音乐伴奏，而且音乐也是必修课，所以他的学生大多会演奏乐曲。子路既然是大弟子，当然也要鼓瑟，或学习鼓瑟。

可惜这野小子的艺术天赋实在不敢恭维，或者他的演奏总不免杀伐之声。总之孔子终于忍无可忍，便脱口而出说：仲由，你又何必在我的门前鼓瑟？

结果，同学们都看不起子路。

孔子自己也觉得过意不去，又打圆场说：仲由同学的学问和修养还是不错的。他已经从庭院拾级而上走到了大堂，只不过还没有进入内室罢了。

子路的面子这才挽了回来。

实际上，孔子对子路还是很欣赏的，对子路的优点也看得很清楚，甚至不止一次夸过他。不过，其中最让人意想不到的，还要算这样一句话：

仲由是个好法官。

本节故事见《史记·仲尼弟子列传》《孔子家语·子路初见》《论语·先进》

好法官子路

子路做过法官吗？

也许。我们知道，孔子做过鲁国的大司寇。那时候公检法不分家，大司寇既是公安部长，也是大法官和检察官，还兼任司法部长。可惜老先生对法律事务既没有兴趣也不内行，帮他断案的便多半是子路。

原来，子路是大法官的助理。

虽然只是助理，却独立办案，工作效率也高，在他手上几乎没有积压的案子。

那么，子路有什么过人之处呢？

片言折狱。

什么意思啊？

片言就是一面之词。

折狱就是做出判决。

古代打官司，原告和被告叫两造。

开庭审判，当然要听两造之词。

子路却只用听一方的就行了。

这可是从来没有过的事情，原因则据说是由于子路为人正直，原告和被告都不想骗他。两造要陈述的事实既然不会有出入，当然用不着各自都说一遍。

另一种原因，则可能是子路的直觉好。他就像陪审团里那些不懂法律条文的陪审员，单凭人性和常识就能立即做出是非判断。这种纯朴的感觉往往是底层人民所特有的，却未必不如专业人士可靠。

哈哈，野小子也有野小子的好处。

难怪孔子说：

片言可以折狱者，其由也与？

也就是说，能够这样做的只有仲由。

类似的话还有：穿着破旧衣服，跟穿着名牌皮草的人站在一起神情自若面无愧色的，也就是仲由吧！

接下来，孔子说了《诗经》的一句话：

不忮不求，何用不臧？

忮读如至，忌恨的意思。

臧读如脏，良好的意思。

因此，这两句诗翻译过来就是：别人再富再得意也不嫉妒，自己再穷再困难也不贪求，这样的人怎么能不成功顺利，又怎么能不平安吉祥！

子路很高兴，天天念叨这两句话。

孔子当然知道这人轻易表扬不得，表扬了就会忘乎所以翘尾巴，于是又说：就这么一点道理，就这么一点德行，值得天天挂在嘴上吗？

子路只好把尾巴夹起来。

实话实说，子路非常值得尊敬。他是野小子，也是穷小子，更是真君子，是堂堂正正的男子汉。他的内心是纯洁的，也是坦荡的，没有城府，更没心计。

于是孔子对他，便又爱又烦还担忧。

本节故事见《论语》之《颜渊》《子罕》

男子汉子路

有一次，孔子跟子路还有颜回在一起。

颜回字子渊，所以《论语》叫他颜渊。他比孔子小三十岁，跟冉有一样也是二期。孔子最喜欢颜回，把他看作得意门生。子路则对他最不服气。因此，本次课堂讨论，子路仗着年纪大资格老，又是抢先发言。

孔子照例说：何不各言其志？

子路马上回答：我最愿意做的事情，是车马衣服跟朋友们一起使用，用坏了也满不在乎。

颜回说：不自夸长处，不显摆功劳。

子路说：老师也说说自己嘛！

孔子说：我的愿景，是老一辈得到照顾，朋友们得到信任，年轻人得到关怀。

这里最重要的是这句话：

> 老者安之，朋友信之，少者怀之。

这是孔子的名言。

现在不难看出问题所在了：

子路讲义气。

颜回讲谦让。

孔子讲仁爱。

他当然更欣赏颜回。

读者朋友更喜欢谁，可以自由投票。

子路却不服气颜回。因为颜回不但入学较晚，而且还是同班同学颜无繇（读如由）的儿子。所以论资排辈算下来，颜回恐怕是应该管子路叫师叔的。

孔子却偏要当着子路的面夸颜回。

又一次，孔子、子路和颜回三个人在一起。

孔子便对颜回说，有人用我就去做官，没人用我吧就归隐。天底下能这样进退自如的，也就咱俩！

这当然是很高的评价。

其实，孔子这样说是有原因的。原因就在颜回虽然品学兼优，是个不折不扣的好孩子和好学生，却总是找不到工作，穷得叮当响，得安慰安慰。

子路却不高兴了。

他想，颜回那家伙哪里是什么进退自如？分明是啥也干不了，只会死读书，没人要。

于是他问：行军打仗，老师又跟谁一起去？

孔子当然明白子路的意思，马上反唇相讥：

暴虎冯河，死而无悔者，吾不与也。

冯读如凭。

暴虎就是空着手打老虎。

冯河就是光着脚过黄河。

这话翻译过来就是：甭管我带谁！反正不跟那种空手打老虎，光脚过黄河，死了也不后悔的人一起！

哈哈，赌气啊？

是的。

气话是不能算数的。

两人也骂归骂，吵归吵，感情却极好。

有一天孔子甚至大发感慨说：

如果主义不能推广，主张不能实行，跟着我泛游海外的，恐怕就只有仲由吧！

这回，可就只有子路了。

子路听了欢欣鼓舞，恨不得马上就走。

孔子却立即收回成命说：

由也好勇过我，无所取材。

哈！仲由这家伙胆子比我还大，哪敢带他！

但，什么叫无所取材？

有人说，意思是胆子太大不可取。

也有人说，是找不到做船的木材。

木材怎么会找不到呢？托词而已。原因嘛，可能是后悔说要带子路去，又不能扫他面子。

更可能还是孔子自己并非真心想走，泛游海外只是说说而已。

不过，要说子路勇大于谋，恐怕是的。

他的样子也挺吓人。

某次，孔子和四个学生在一起休闲。

大孝子闵子骞侍侧，訚訚如也。

侍侧就是陪在旁边，或坐或站，但侧着身子。

訚读如银，訚訚如也就是毕恭毕敬，满脸严肃。

年轻的冉有和子贡，侃侃如也。

也就是轻松随意，谈笑风生。

只有子路，行行如也。

行读如沆，也就是雄赳赳，气昂昂，拉开一副战斗架势，愣头愣脑，戆戆的，让孔子看了直乐。

不难想象，那真是非常温馨的场面。同学们尽情地展现自己的个性，老师则疼爱地看着，笑而不言。

啊！这是什么时候，又在哪里呢？

也许在阳光下。

也许在春风里。

也许在细雨中。

孔子却突然发出感慨：

若由也，不得其死然。

意思是：像阿由这样的，恐怕不得善终吧！

这当然原本带有开玩笑的意思，却也不是一点道理都没有。实际上，孔子总是敲打子路，就因为子路说话做事都太冲了，完全不顾后果，非常危险！

没错，他担心子路会出问题。

孔子不幸而言中，子路也果然阵亡了，而且很悲壮很惨烈。但正是在那血战门楼的生死关头，看似粗野和莽撞的子路，却表现出伟大的人格精神。

本节故事见《论语》之《公冶长》《述而》《先进》

真君子子路

子路壮烈牺牲，是在孔子七十二岁那年。

忠心耿耿的他，战死在卫国的内乱中。

当时，孔子的不少学生在那里担任各种职务。学习行政管理的子路，便在一位大夫的领地做大管家。

没想到，那个邦国发生了政变。

消息传到鲁国，孔子心急如焚。

他最牵挂的是两个学生：子路和子羔。

子羔就是高柴。

柴的意思是柴羊，所以高柴字子羔。

高柴个子很矮，其貌不扬，智商也不高，看起来笨笨的。孔子对他和子路的评价是：

柴也愚，由也喭。

喭读如燕。

就是说：高柴愚笨，仲由鲁莽。

鲁莽要比愚笨危险。因此得到政变的消息后，孔子这样说：阿柴是会回来的，阿由可是死了。

事实也如此。

笨笨的高柴幸免，罡罡的子路惨死。

其实子路原本可以不死，因为政变发生的时候他并不在国都。当时，子路的老板孔悝（读如亏）大夫被叛乱者劫持，软禁在家里。子路得到消息匆匆赶来，在城门口一头撞上正要逃离卫国国都的高柴。

高柴说：师兄快走！

子路说：不行，我得去看看。

高柴说：来不及，城门都关了。

子路说：那也要进去，我是领了人家工资的。受人之托，忠人之事，不能坐视不管。

正好，这时有使者要进卫都，城门重开。

子路便趁机冲了进去。

高柴只好呆呆地看着师兄进城。

其实冲进城，子路也可以不死，因为老板家里也是大门紧闭。子路却要硬闯，还扬言要放火。劫持孔悝的人吓了一跳，赶紧派两个武林高手去对付。事实上直到这时子路仍然可以不死，因为他并未受重伤，只是在搏斗中被对方用戈砍断了固定帽子的绳索——冠缨。

子路却停止了战斗，他说：

君子死，冠不免。

于是，他面不改色，从容镇定地用双手系着冠缨，任由对方把自己砍成了肉泥。

孔子听到这个消息痛不欲生，立即吩咐厨房倒掉所有已经做好的肉酱。他还捶胸顿足号啕大哭说：这是老天爷要灭我呀！这是老天爷要灭我呀！

四个月后，孔夫子与世长辞。

这样看，一顶帽子竟然害死了两个人。

帽子，有那么重要吗？

有。

不过，先得介绍一个文化制度。

这就是：

成年礼。

当然，是周代的。

周人什么时候算成年？

女孩十五，男孩二十。

每到这时，就要做三件事。

三件事，对人的一生都有极大影响。

首先是**束发**。

因为未成年时，头发是往两边梳的。

男孩盘成兽角形状，叫作**总角**。

女孩盘成树丫形状，就叫**丫头**。

成年礼这天，头发要重新梳，统统集中起来盘在头顶上，再用簪子固定。从今往后都是这样，表示成年以后就得约束自己，不能自由散漫。

至于以后的事，过会儿再讲。

其次是**取字**。

前面说过，古人有名有字。

名是百日那天由父亲摸着头取的。

字则要在成年礼这天由嘉宾来取。

名是卑称，字是尊称。儿童不需要尊称，因此有字就意味着成年，也意味着加入社会。这位取字的嘉宾往往还要发表训词。

第三是**订婚**。

男大当婚，女大当嫁，订婚往往在成年礼。

如果没有合适人选，女孩就只束发，不取字。

这就叫**待字闺中**。

男孩则无论有没有婚娶对象，都要有字。

如果束发和订婚同时进行呢？

那就叫**结发夫妻**。

显然，待字闺中不是没有字，是没婆家。结发夫妻也不是把两个人的头发捆在一起，而是头发集中起来盘在头顶上时结为的夫妻。束发，才是关键所在。

束发之后呢？就有区别了。

女孩只插簪子。

平民则戴头巾。

贵族才戴帽子。

所以，他们还要行**冠礼**。

冠礼就是束发之后戴帽子的仪式，但是仅限于贵族男孩，因为这是他们的特权。也因此，冠礼不但要隆重地举行，而且要有先后三次加冠的程序。

第一次，加缁布冠（缁读如资）。

这是参加政治活动的服饰。

第二次，加皮弁（弁读如变）。

这是军装和猎装。

第三次，加爵弁（爵读如雀）。

这是参加祭祀活动的服饰。

如果是高级贵族，则还要加冕。

冕是上面有平板的冠。

板子前面有珠串，叫旒，读如流。

旒的作用是挡住眼睛，叫**视而不见**。

这是所有高级贵族都有的，区别则在数量。

天子十二旒。

诸侯九旒。

大夫七旒或五旒。

同时还要在耳朵旁边挂两颗玉石。

玉的作用是塞住耳朵，叫**充耳不闻**。

意思是：非礼勿视，非礼勿听。

有冠有冕，就叫：

冠冕堂皇。

子路没有冕，只有冠，但是已经够了。

不妨再来看一下三次加冠的程序：

一加缁布冠，有参政议政权。

二加皮弁，有作战狩猎权。

三加爵弁，有祭祀天地神灵祖宗权。

这说明什么呢？

冠是权力和权利的象征。

而且，这些权力或权利都是贵族的特权，平民没有资格加冠。三国周瑜羽扇纶巾，那是因为这位帅哥故意穿了平民的服饰，就像西方国家总统穿牛仔裤。

因此：

冠是贵族的身份认同。

有没有冠，区分了贵族与平民。

免冠，则等于免去身份和特权。

所以，古代大臣请罪时，都要自己免冠。

更何况，有权利就有义务。

比如皮弁，是军装和猎装，它意味着有权利使用武器，同时也意味着有义务参加军事行动，为保家卫国英勇献身。毕竟，参军在周代也是贵族的特权。

所以，加皮弁的同时还要佩剑。

难怪，剑是最高级的兵器。

大侠都用剑，扛大刀的通常是小角色。

现在知道为什么“君子死，冠不免”了吧？

没错，不能放弃义务，不能失去尊严。

因此，即便倒下也不能免冠。

也许，这就是子路留给我们的精神遗产：

尊严比生命更可贵。

本节故事见《左传·哀公十五年》《史记·仲尼弟子列传》《论语·先进》《礼记·檀弓上》《公羊传·哀公十四年》

子贡的故事

做好自己最重要

黄金爵，白玉带，

孔门有个高富帅。

点子多，脑子快，

生意做得真不赖。

倒江湖，发公债，

招牌挂的孔家菜。

老师老师你莫怪，

您老出国我还贷。

倒江湖

子路牺牲的时候，子贡到了齐国。

这位同学跟子路和颜回一样，是孔子最重要的几个学生之一。他姓端木，名赐，子贡是他的字，因为赐和贡意思刚好相反。子贡和端木，有的书也写成子赣或者端沐。版本不同而已，没有对错和硬伤问题。

子贡是卫国人，比孔子小三十一岁，跟颜回和冉有同班，都是二期的。此人的显著特点是头脑灵光，能说会道，尤其是会做生意，简直有商业天赋。

孔子就说：

赐不受命而货殖焉，亿则屡中。

这话翻译过来就是：阿赐这家伙不守本分，也不务正业，可是做起生意来，那行情一猜一个准。

其实，子贡办外交，也长袖善舞。

所以他一出山，天下就风云变色。

不过，得先讲时代背景。

现在山东省这地方，当时有两个文明古国。齐是姜太公的领地，国都在淄博；鲁则封给周公之子，都城在曲阜。两国君主起先都是侯爵，但是到孔子时代，鲁国越混越差，老是被当过霸主的齐国欺负。

其实，齐国也有问题。

什么问题呢？已经升格为公爵的国君其实是个徒有虚名的提线木偶，大权掌握在田氏家族手里。换句话说就是，老姜家的齐国正在逐渐变成老田家的。只不过在周天子处办理房产过户手续，要到孔子去世很久以后。

但，其他贵族对老田家已经恨得牙痒痒。

当家的大夫田常当然知道这一点，于是便打算进攻鲁国。我们知道，国内有矛盾，转移视线和转嫁危机的办法之一就是发动战争，田常就是这样想的。

孔子闻讯，忧心忡忡。他对学生们说：鲁国是父母之邦，你们应该挺身而出吧？

学生们纷纷报名，孔子选了子贡。

子贡到了齐国，便问田常：大夫要伐鲁？

田常说：是的。那又怎么样？

子贡说：打错人了。

田常问：怎么个打错了？

子贡说：鲁这个国家，城墙又薄又矮，护城河又窄又浅，国君愚蠢不仁，大臣虚伪无能，军队民众都厌恶战争。这样的邦国，怎么能跟他们打仗？

田常问：那你说打谁？

子贡说：吴国呀！吴国的城墙又高又厚，护城河又宽又深，他们的盔甲既坚韧又新式，他们的军队既英勇善战又斗志昂扬，指挥官更是举世无双，随时准备痛击来犯之敌。这个邦国强大无比，应该去打。

田常一听，鼻子都快气歪了。

子贡却说：这是为大夫您着想呀！

田常问：什么意思？

子贡说：鲁国弱小，确实一攻就破。问题是，胜利之后，能有什么好处，好处又是谁的呢？

田常问：你说呢？

子贡说：疆域会扩大，但恐怕不是您的吧？

田常说：当然，那是齐国的。

子贡说：国君的威望会增长，您觉得很好？

田常说：嘿嘿，这个嘛，呵呵！

子贡说：反对派的地位可是会提高啊！

田常说：嗯嗯，那倒是，仗得靠他们去打。

子贡说：所以说嘛！打败鲁国，大夫您可是一毛钱的好处都没有，对手反倒强大了，合算吗？

田常说：但是打吴国，肯定打不赢。

子贡说：当然如此。不过这样一来，大夫您的竞争对手不也力量变小了？您在齐国就可以稳当老大。所以常言说，忧患在外就打弱国，在内就打强国。征伐吴国对齐国未必有利，对大夫您却是最合适的。

田常说：道理是这样，可惜师出无名。

子贡说：让吴王先动手不就行了？

田常说：那得你去跟他讲。

于是，子贡又从齐国跑到吴国，怂恿吴王夫差出兵援救鲁国，与齐国决一雌雄。

夫差却表示要先灭了越王勾践。

子贡说：没意思，没意思，太没意思了。越国算什么东西？小麻雀！也值得烧烤？要吃就吃天鹅肉。

夫差问：谁是天鹅肉？

子贡说：齐国呀！而且要吃也容易，只要伐齐救鲁就行。鲁是文明古国，齐是超级大国。所以呢，救鲁是见义勇为，伐齐能称霸世界，名利双收呀！

夫差说：越国可是后顾之忧。

子贡说：大王尽管放心。

于是，这位老兄又从吴国跑到越国。

越王勾践亲自到国境迎接，又陪同到国宾馆，然后客客气气问：先生怎么屈尊到野蛮人的地方来了？

子贡说：因为吴王夫差要灭了你们呀！

越王勾践吓出一身冷汗。

然后，请子贡帮忙出主意。

子贡说：大王为了报仇雪恨，决意灭吴，那就一定要支持他们去伐齐。齐国人多势众兵强马壮，吴国根本不是对手。一旦战败，大王的机会不就来了？

勾践问：万一吴王胜利了？

子贡说：那就会跟晋国打起来。

勾践听明白了，立即表态支持吴国。

夫差也放心了，马上出兵伐齐救鲁。

子贡又跑到晋国，提醒他们吴王夫差要来了。

晋国人问：那又怎么样？

子贡说：如果夫差打败了齐国，就会来打你们。

晋国赶紧扩军备战，随时准备与吴王一争高下。

结果怎么样呢？

不出所料，吴国果然打败了齐国，也果然跟晋国干了起来。越王勾践抓住机会在夫差背后捅了一刀。他趁着吴晋两国相持不下，突然出兵将吴国国都（在今天的江苏省苏州市）团团围住。夫差只好放弃争霸，与越王勾践签订城下之盟，后来又兵败自杀。

当然，吴国也被灭了。

所以司马迁说，子贡这番倒江湖，救了鲁国，乱了齐国，亡了吴国，强了晋国，便宜了越国。在短短十年之内，天下重新洗牌，天下格局剧变。

孔子的这个学生，实在太厉害了。

不过这事有点奇怪。因为不管怎么说，吴王夫差也是鲁国的救星，至少是盟友。子贡怂恿他去攻打齐国并没有问题，为什么要让晋国对付他？

也许，子贡是担心夫差胜利之后会打鲁国。

至于晋国，与吴国争霸已经用完洪荒之力，巴不得立即休兵，是不会去打鲁国主意的。

哈哈！谁说弱国无外交？

事该如何评价，不好说。

总之，子贡是有本事的。

但是奇怪，孔子却似乎并不怎么欣赏他。

本节故事见《论语·先进》《史记·仲尼弟子列传》

高级饭桶

有一次，孔子和子贡在一起。

子贡问：老师，您看赐怎么样？

孔子说：你呀，还真是个东西。

子贡问：什么东西？

孔子说：瑚琏。

瑚琏读如胡敛，是祭祀的时候盛放米饭之类的礼器，说白了就是饭桶。但是用在了宗庙，又很华美贵重，所以跟一般的锅碗瓢盆比，要高级些。

那么，孔子这话，什么意思呢？

有人说是夸子贡，因为孔子是尊礼的，礼器的重要性毋庸置疑，尽管瑚琏显然不如鼎鼐。

但也有人说不是，因为孔子还说过一句话：

君子不器。

这话又怎么理解？

可能有三种意思，直译过来有点难听：

君子不是东西。

君子不能是东西。

君子不能只是东西。

不是东西是什么？

这就只能以后再说了。

现在只要知道，孔子既然说过“君子不器”，那么他说子贡是器便应该不是表扬，尽管用于宗庙的瑚琏是华美的、贵重的和高级的。

问题是，孔子为什么要这样说子贡？

多半是故意敲打。

我们知道，孔子是主张因材施教的。所以，有的学生要鼓励，有的要提醒，还有的要敲打。

比如子路和子贡，就经常被批。

子路挨板子，是因为太耿直。

太耿直，就容易冲动，也容易犯傻得罪人。

子贡被敲打，则因为太聪明。

太聪明，就容易自作聪明，或者耍小聪明。

两种都很危险，当老师的不能不泼点冷水。

何况子贡也太成功了。他是纵横捭阖左右逢源的外交家，也是日进斗金富可敌国的大富豪，无论从政还是经商都得心应手，堪称金融大鳄和江湖大佬。

当然，也是最早的儒商。

总之，学者中他最有钱，商人中他最有学问。孔子周游列国，据说就是他赞助的。孔子死后扬名，也靠他力捧。其他同学，可没有子贡那么强的操作能力。

这，难道不好？

成功当然好，太成功就危险。

为什么呢？

长袖善舞，多财善贾，这当然好。

名高引谤，树大招风，就麻烦了。

事物都是有两面性的。孔子既是忠厚长者，又阅历丰富，当然要帮学生拿捏尺寸。

何况子贡还有毛病，喜欢拿自己跟别人比，结果也当然总觉得别人都不如自己。更糟糕的是，他还忍不住嘚瑟，要说出来，便难免语含讥讽，出言不逊。

这就是卖弄聪明了。

于是孔子便说：赐呀，你真那么优秀吗？今天议论这个，明天议论那个，我就没这闲工夫！

说子贡是高级饭桶，恐怕也有这原因。

的确，一个人，管好自己就行了，何必对别人说三道四，品头论足？又何必拿自己跟别人比？

比来比去，无非两种答案：

一、自己处处不如人。

结果，要么是羡慕嫉妒恨，变成小人；要么是心灰意冷，自暴自弃，破罐子破摔，越来越差。

二、自己处处比人强。

结果，是自我膨胀，忘乎所以，目中无人，说不定某天一不小心摔下去，爬都爬不起来。

哪种结果好呢？

都不好。

结论是：

不要拿自己跟别人比，更不要在批评别人的时候表扬自己，表扬自己的时候批评别人。

这就是孔子要敲打子贡的原因。

但，如果谁要以为孔子不欣赏子贡，那可就大错特错了。实际上，敲打恰恰因为喜欢，而且看重。这一点大家都清楚，子贡自己也清楚，因此不但不沮丧，还要满心欢喜地将这些批评和训斥都记录在案。

子贡真是聪明人。

听得进批评，才能不断进步。

油盐不进的，必定会走麦城。

其实，如实记录历史，不加任何掩饰，恰恰是《论语》的过人之处。就连孔子的狼狈不堪，也都展现在后人面前。不过这是下册要讲的，现在还是再看子贡。

本节故事见《论语》之《公冶长》《为政》《宪问》

贴身秘书

卫灵公去世了。

这原本没什么。按照制度，由太子继承他的爵位就行。可惜这位太子先前得罪了老爹，此刻正流亡在晋国，接班人便变成了太子的儿子，也就是灵公的孙子姬辄。他在历史上，被称为卫出公。

孔子头疼起来。

头疼是有原因的。由于卫灵公的聘请，孔子此刻正在卫国担任顾问，许多学生也跟着到了那里。不过卫国虽然换了老板，却多半不会解聘孔子和他的团队，就连办公室也用不着搬，为什么要头疼呢？

因为爵位不由太子继承，显然不算名正言顺，也不符合孔子的原则和主张。那么，他是该继续留着为新的国君提供服务，还是应该拂袖而去一走了之呢？

孔子也有了哈姆雷特之问。

学生们也很关心。最着急的冉有自己不敢问，便对子贡说：师弟，你看老师会何去何从？

子贡说：遵命！我去问问。

于是，他走进孔子的房间，问了个看起来毫不相干的问题：老师认为伯夷和叔齐是什么人？

伯夷？叔齐？谁啊？

传说中的人物，原本也是部落酋长的儿子，伯夷是哥哥，叔齐是弟弟。老爹死后，哥俩互相谦让谁都不肯当酋长，就离开部落住进了周文王办的养老院。

那时，天下叫作殷商，也叫商朝，实际上是商王国领导的部落国家联盟。周是联盟的成员国，它的领导人跟伯夷和叔齐一样，理论上要算是殷商的臣民。

可是，周文王去世后，他的儿子周武王便发动武装革命把联盟的老大殷纣王推翻了。这就好比干儿子谋杀了干爹，在伯夷和叔齐看来是不仁不义的。

于是，两人就愤怒地离开了养老院，跑到首阳山上去吃野菜，宣称宁可饿死也不吃周武王家的米饭，以此表示自己的气节，表示对武王伐纣的抗议。

可惜没过多久，野菜也吃不成了。

为什么呢？

因为有人上山说：普天之下，莫非王土。养老院的米饭是周武王的，首阳山上的野菜难道不是？

两人无话可说，只好当真饿死。

哥，早知道野菜都不能吃，
在殷纣王还活着那会儿
囤点肉干和咸菜就好了！
还得囤够泉水，
现在这水也是周武王的。

子贡问的，就是对伯夷和叔齐的评价。

孔子说：好人啊！

子贡问：抱怨吗？后悔吗？

孔子说：求仁得仁，有什么可怨可悔的？

子贡行礼退出。出来以后，他对冉有说：我们老师是不会留在卫国的，不过你想留下就留下。

为什么呢？

因为伯夷和叔齐对待周武王的态度，可以叫作不合作主义。孔子肯定他俩，就说明他也不会跟名分可疑的卫出公合作。事实上孔子也离开了卫国，但他并不反对学生们留下。结果，子路便牺牲在那里。

留下的成语是：

求仁得仁。

意思是：

如果得到的正是想要的，那就无怨无悔。

因此，当我们需要进行选择的时候，便只要想清楚一个问题就行：你到底要什么？

想清楚了，那就去做。

其实，这个故事还告诉我们，子贡跟孔子的关系非同一般，甚至很可能是贴身秘书。要不然，冉有跟他是同班同学，还大两岁，算是师兄，有问题为什么自己不敢说，得让他去问？哈哈，子贡面子大啊！

所以孔子便把后事托付给了他。

本节故事见《论语·述而》

铁杆粉丝

子路牺牲后，孔子就一病不起。

听到这个消息，正在诸侯各国之间穿梭外交的子贡匆匆忙忙赶回鲁国。当他终于出现在老师面前时，孔子正拄着拐杖在门口散步。见到子贡，老先生说的第一句话就是：赐，你怎么来得这样晚啊！

这是鲁哀公十六年（公元前479年）的四月。初夏的夕阳正沉稳地落入辽阔的原野，有点儿无奈也有点儿倔强，却还是给大地镶上了亮闪闪的金边。

是的，金边。

孔子流着眼泪对子贡说：泰山就要坍塌了，栋梁就要折断了，哲人就要谢世了！天下无道久矣！唉！谁能信奉我的主张，谁能实现我的主张呢？

七天后，孔子与世长辞。

学生们闻讯赶来，按照对待父亲的礼仪在墓旁守丧三年，只有子贡守了六年。之后，他又利用自己在诸侯各国的人脉关系和影响力，为宣传孔子四处奔走，终于让他的老师被普天之下追认为圣人。

子贡对孔子忠心耿耿。

事实上，先生去世以后，由鲁国某高官带头，社会上刮起了贬低否定孔子之风，还都拿子贡来说事。他们的说法是：子贡这个人，可比孔子优秀多了。

这当然别有用心，而且用心险恶。

只不过，他们看错了人。

子贡听到流言，马上进行反驳：这是什么话！比方说盖房子，端木赐的院墙只有肩膀高，当然一眼就看清楚了。我们老师却是深宅大院，你们这些人只怕连门都摸不着，哪里知道他老人家的深浅？小小的丘陵，难道也想超越太阳和月亮吗？永远都不可能！

这可真是铁杆粉丝。

其实，子贡一直都在维护并塑造孔子的形象。有人曾经问他：你们老师无论到哪个邦国，都对当地的情况非常了解。这是问来的，还是别人主动说的？

子贡回答：靠他老人家的温和、贤良、恭敬、俭朴和谦让得来的。

温良恭俭让，就出自这里。

又一次，有人问：你们老师难道是圣人吗？为什么这样多才多艺？子贡又马上回答：当然啦！这是老天爷的安排，老天爷要让他老人家成为圣人呀！

那么，子贡跟孔子，关系为什么这样好？

也有两方面的原因：

孔子掏心掏肺，子贡知好知歹。

确实如此。作为最好的老师，孔子对每个学生都有感情，都很关照，甚至还帮学生找工作。

这些故事，下册还要再讲。

但，同样是喜爱，也有所区别，比方说：

对颜回是心疼。

对子路是担忧。

对子贡是信任。

原因也很简单：子贡的智商和情商都最高。

智商高就能领会精神。

情商高则能付诸行动。

事实也证明，子贡不负厚望。

显然，选择是双向的，而且对路。

这实在太不容易。

毕竟，真心为学生好的老师并不少，这样的家长就更多，可惜事与愿违的也屡见不鲜。这时，单方面指责学生和孩子不识好歹可没有用，那只会越闹越僵，距离自己良好的初衷也会越来越远，岂非悲剧？

需要的，是反思。

首先，你要求孩子的，自己做到了吗？做家长的如果傲慢无礼，怎么能要求他们温良恭俭让？自己有空就打麻将看手机，又岂能指望他们爱读书？

其次，你了解孩子吗？你知道他们心里想什么和爱什么吗？你的批评教育，说到他们心坎上了吗？你的帮助指导，能让他们心悦诚服吗？

再次，你掏心掏肺为他们好，恨不得把天上的月亮都摘下来，但你可曾想过，那月亮是他们想要的吗？如果不是，岂非适得其反，自讨没趣？

最后，如果孩子不识好歹，对不起，那也是教育的失败。谁对我好，谁对我不好，谁虚情假意，这可是连小动物都知道的事，孩子们怎么不知道？当然，人的事情会复杂一点，所以才要教育。识好歹，知感恩，就是人生的必修课，不能不教，更不能逃学。不过这事说来话长，只能从长计议，且听下回分解。

本节故事见《史记》之《孔子世家》《货殖列传》,《论语》之《子张》《学而》《子罕》

颜回的故事

知识未必改变命运

一条小巷深又长，
里面住个读书郎。
草鞋布袜旧衣裳，
小米稀饭野菜汤。

读书郎，读书郎，
为啥吃苦为啥忙？
不为高官与厚禄，
只爱中华好文章。

子贡与颜回

该讲颜回了。

颜回、子路和子贡，是孔子最重要的三个学生。三个学生中，孔子最喜欢颜回。这在孔门简直就是公开的秘密，弟子们都知道的。只不过，子路愤愤不平满肚子不服气，子贡的态度却乖巧得多。

有次孔子问：你和颜回，哪个更优秀？

子贡没有片刻犹豫，立马就回答：

赐也何敢望回？

回也闻一以知十，赐也闻一以知二。

这意思是：赐哪敢比颜回？老师说一，颜回听了就知道十。赐可不行，能知道二就算不错。

孔子点点头说：

弗如也。吾与女，弗如也。

什么意思？

女就是汝，也就是你，弗如则是不如。

吾与女，弗如也，则有两种翻译：

一、同意你的说法，你是不如他。

二、是啊，是啊，我和你，都不如他。

那么，应该是哪种？

也只能猜，而且首先要猜子贡为什么会说“赐也何敢望回”这句话。他当真自愧不如？

恐怕不是。

前面说过，子贡是喜欢拿自己跟别人比，而且谁都看不上的，怎么会对颜回佩服得五体投地？其实就连我们读完《论语》全书，恐怕都不知道颜回具体好在哪里。

因此，想当时孔子多半愣了一下。

不过老先生很快就明白：子贡善解人意，知道老师为什么要这样问，又想要什么样的答案，于是干脆投其所好，还说得很像那么回事，一点都不虚情假意。

孔子立即表态：没错，是不如他。

不过，当老师的也清楚，以子贡之心高气傲，这种谦让之词未必发自内心。因此又特地加上一句：我和你都不如他。这样一来，子贡就只好把戏演下去。

再说，他也保住了面子。

是啊！老师都说比不上，我算什么？

可惜这是溢美。

孔子怎么会比不上颜回？

就连子贡，恐怕也未必不如。

那么，孔子为什么要这样讲？

也许是抱不平。

他曾经说：

回也其庶乎！屡空。

赐不受命而货殖焉，亿则屡中。

意思是：颜回同学成绩优秀，可是一贫如洗。阿赐不务正业去做生意，猜测行情倒准确无误，结果当然是日进斗金。言外之意也许是：这也太不公平了吧？

所以，他要说子贡不如颜回。

呵呵，心理不平衡啊！

实话实说，孔夫子这回没道理。

我们要问：读书人就不能做生意吗？读书人做生意就是不务正业，就是聪明才智没用对地方吗？恐怕不能这么讲吧！别的不说，没有子贡赞助，他老人家可怎么周游列国？这样的人，怎么就不如颜回优秀？

更何况，子贡做生意，颜回爱读书，都是他们自己的选择。用孔子自己的话说，就是求仁而得仁，又何怨之有？那么请问，颜回无悔，还抱怨什么？

选择如果是自由的，后果便该自己承担。

显然，这里没什么公平不公平的问题。

相反，孔夫子倒是应该检讨一下自己。

我们不知道，他老人家有没有说过诸如“知识改变命运”之类的话，但这种观念大约是有的，要不然他收那么多学生干什么？过家家吗？

当然不是。

就算要传承文化，也得先能谋生。

谋生，总是第一位的。

可惜孔子有一个问题，那就是在他那里，改变命运的唯一途径就是做官。因此，他老人家不但自己要周游列国找工作，也要推荐学生到各国任职。被推荐的有子路、冉有和公西华等等，没有颜回。

这又说明什么呢？

颜回实在不是那块料，做生意就更不行。

哈哈，看来结论是：

知识未必改变命运。

颜回也只好一辈子做贫困生。
好在，他很快乐。

本节故事见《论语》之《公冶长》《先进》

贫困生的快乐

快乐，是颜回最让孔子欣赏的地方。

前面说过，好学生颜回是子路的同班同学颜无繇的儿子。颜无繇，字路，因此如果以字相称便叫颜路或子路。颜路同学既没做过官，又没发过财，他那无爹可拼又找不到工作的儿子便只好住在贫民区。

不清楚颜回是不是跟父亲住在一起，也不清楚他是在什么时候住到那里的。我们只知道，颜回在贫民区过得很苦，以至于孔夫子大发感慨说：

贤哉回也！一箪食，一瓢饮。在陋巷，人不堪其忧，回也不改其乐。贤哉回也！

箪读如单，也就是盛饭的竹篮；瓢，则是舀水用的瓜瓢。吃饭用竹篮，喝水用瓢，可见颜回没有碗。碗都没有，当然更没有酒肉，顶多有点盐巴。那时红薯还不曾引进中国，竹篮里没准是野菜小米饭。

这就叫：一箪食，一瓢饮。

那么，这是因为贫困，还是追求简单？

都是。

颜回肯定没多少钱。但要说一文不名，恐怕也不是事实。那时没有助学金和奖学金，身无分文根本就读不起书。别的不说，书从哪里来？孔子的学校里可没有图书馆。颜回家的经济状况，显然不在贫困线以下。

看来，一箪食，一瓢饮，主要是简单。

简单生活应该早就开始了，所以孔子才会有“不改其乐”云云。不改其乐，就是始终快乐。这很难。事实上扬言要过简单生活的人不在少数，刚开始的时候也都兴致勃勃。但是时间长了，就难以忍受。

于是人们便难免担忧：颜回能够坚持吗？

人不堪其忧，恐怕要这样理解。

换句话说：别人都替他受不了。

然而怎么样呢？

回也不改其乐。

开始快乐，到后来也满心欢喜。

问题是，颜回为什么始终快乐？

穷开心吗？

当然不是。

喜欢贫民区吗？

更不是。

没有人会以箪食、瓢饮和陋巷为乐，颜回只是不以为苦罢了。不以为苦，是因为另有愉悦。这愉悦是颜回自己的、本来的、固有的，所以叫：不改其乐。

那么，颜回的乐是什么？

谋道、读书、做学问。

也就是说，知识和道德才是快乐的源泉，物质生活则无所谓，请问还有比这更高的境界吗？

没有。

难怪孔子要像咏叹调一样夸他，把“贤哉回也”这句赞语反复说了两次：颜回这孩子可真是优秀呀！生活那么清苦，住在贫民区里，别人都替他受不了，他自己却始终那么快乐。唉！颜回这孩子，真是优秀呀！

从此，颜回便成为一个典型。

什么典型？

安贫乐道。

这当然是传统美德，但必须加以说明。

首先，**安贫乐道不等于以贫为荣**。事实上，贫穷并不光荣，否则何必扶贫？同样，富裕也未必可耻，还要看为什么。劳动致富就光荣，挥霍败家则要不得。

其次，**是否热爱真理，与贫富无关**。要知道，最先弘扬孔子学说的，恰恰是富可敌国的子贡，颜回反倒没什么贡献，可见乐道不一定非得安贫。

再次，**读书人就该清贫是没有道理的**。相反，只要当真对文化的传承和发展做了贡献，就该富起来。这样的人如果家徒四壁，一贫如洗，那才是天理不容。

最后，**安贫未必非得乐道**。比方说，也可以为读书而读书，什么心得体会都没有。同样，安贫而乐其他也未尝不可，比如审美和艺术。追求真理只是权利，不能作为义务。只要不危害社会，整天发呆又何妨？

颜回就是这样。除了总是受到夸奖，其形象在《论语》中总体上是模糊的。我们不知道他性格怎样，也不知道他的“闻一知十”都有些什么过人的见解。

追求真理？他掌握了吗？

不知道。

因此，颜回可疑。

本节故事见《论语·雍也》

智商问题

颜回恐怕早就被怀疑了。

怀疑是有道理的。因为孔门弟子中，困难户并非只有颜回，至少还有原宪。据说，孔子去世后，衣冠楚楚随从如云的子贡曾去看他，只见这位老兄的门口长满了杂草，身上连件像样的衣服都没有。

子贡说：老同学，你就这么倒霉吗？

原宪答：我听说，没有钱财叫贫困，学了道理却不能实行才叫倒霉。原宪是贫困，不倒霉。

子贡满脸通红，为这句话羞愧了一辈子。

不过孔子在世的时候，原宪并不狼狈。因为他有份工作，职务是管家，薪水大约是孔子退休工资的百分之一点五。但是原宪却不肯要。孔子只好劝他说：你还是拿上吧！自己用不完，可以接济乡里乡亲。

原宪最后有没有拿这笔钱，不清楚。他是给孔夫子做管家，还是在别的大夫那里打工，有争议。但是毫无疑问，贫困生是可以勤工俭学的。原宪的工作，说不定就来自孔子的安排或介绍。

那么，他为什么没给颜回一个机会？

有人说是专业问题。

前面说过，孔子的学校也分专业。培养外交官的言语科，培养行政官的政事科，培养古籍整理和历史文献人才的文学科都很实用，例外的只有德行科。

德行科的培养目标是什么呢？

道德楷模。

在有些人看来，道德楷模不能为五斗米折腰，只能过清贫的生活。

颜回也只好吃野菜，喝凉水。

但是这个说法有问题，因为德行科的学生也有找到工作的。比如颜回的同班同学冉雍，就担任了很重要的职务。孔子甚至说他可以做长官或君主，叫：

雍也可使南面。

谁说德行科的就一定不行？

颜回长期待业，便未免让人怀疑。

其实这并不奇怪。因为冉雍的行政能力很强，堪称德才兼备，颜回却只能算是品学兼优。这两个说法并不相同。学是学问，才是才能。有学问未必有才干，有知识未必有能力，也可能高分低能或不切实际。

结论是：

品学兼优不等于德才兼备。

颜回，也许就是那高分低能的。

难怪子路死不服气。

但，如果连智力都被怀疑，麻烦就大了。

会吗？

当然。因为孔子曾经声明：颜回并不弱智。

老先生的原话是：

吾与回言终日，不违，如愚。退而省其私，亦足以发。回也不愚。

这段话翻译过来就是：我给颜回上课，从早到晚他都一言不发，更不会提反对意见，好像傻乎乎的，反应挺迟钝。但是下课以后，自己深入研究，却又总是能够举一反三，发扬光大。看来，颜回并不弱智。

怎么样，不服气的人估计也不少吧？

想想也是。孔门弟子三千，其中优等生据说就有七十二人之多，哪个不是杰出人才？颜回凭什么要被一夸再夸？

贤哉回也！

回也不愚。

子路想不通。

我们也想不通。

本节故事见《史记·仲尼弟子列传》，《论语》之《雍也》《为政》

好学生的标准

颜回的优点据说是好学。

这话孔子反复说过，因为鲁国的国君和执政官都问过同一个问题：先生的弟子中谁好学？孔子的回答斩钉截铁：颜回，最好学的就是颜回。而且两次都说：自从颜回英年早逝，就再也看不见好学的人了。

啊，这么夸张？

是的，不过多少有些道理。实际上，如果把孔子的有关言论集中起来，就会发现颜回的优点有三条：

上课时间再长也不知疲倦。

学习只有进步，没有退步。

不拿别人出气，不犯同样的错误。

前两条没什么，后一条却相当值得肯定，因为很多人都做不到。相反，我们常常见到的，是出了问题就怪别人。比方说，成绩不好是老师不行，工作不好是单位不行，恋爱失败则是本届女朋友或男朋友不行。

总之，都是别人不好。

结果怎么样呢？

轻一点的**诿过**。

重一点的**嫁祸**。

爱发脾气的则**迁怒**。这其实品位更低，因为迁怒的对象往往是弱势群体。如果对方的地位比自己高，力量比自己大，你想迁怒于他，请问迁得了吗？

如果能，那就多半是**撒娇**。

撒娇是一种特权，没有道理可讲。

不过，正因为是特权，所以不建议频繁使用。没有节制地撒娇，那就会像糖吃多了一样，牙齿恐怕要长虫。

更何况，如果撒娇是为了诿过，就不会在自己身上找原因，结果是永远不能进步。要知道，颜回之所以从来不犯同样的错误，就因为他从不迁怒于人。

这确实值得学习，因为：

自己的事自己扛，才能成长。

不过，这似乎不能算是好学。

其实，颜回成为孔子的最爱，也可能在于他对老师的无限崇拜。他曾经像吟诗一样说：

老师的人格，越仰望就越觉得高大；
老师的学问，越钻研就越觉得艰深。
每次我都感觉到了老师跟前，
怎么一下子又到后面去了呢？
尽管如此，
由于老师是那样循循善诱，
用广博的知识丰富我，
用严肃的礼仪规范我，
让我想停下都不可能。
我已经竭尽全力站立起来，
却又不知道该走哪条路了。

呵呵，谁说颜回不会说话？

不过这样一来，孔子自己也不好意思，必须做出批评的姿态。于是大发感慨说：颜回这孩子，恐怕不是能够帮助我进步的。我的话他句句爱听，句句喜欢，从来就不质疑。那么请问，我又怎么能进步呢？

孔子这话，是批评还是表扬？

众说纷纭。

也许，孔子是通过批评颜回来表扬自己，我们也得允许他老人家小小地得意一把。但，学生不质疑，老师就不深思，说话也很难出彩，这可是事实。

颜回过于听话，其实要算一个遗憾。

那么，孔子的学生中有喜欢质疑的吗？

有，宰予就是。

本节故事见《论语》之《雍也》《先进》《子罕》

宰予的故事

没有怀疑就没有真理

白天睡大觉，
上课瞎胡闹，
说话就像放鞭炮，
专跟书本唱反调。

不走阳关道，
提问就下套，
孔家店里卖膏药，
挖个坑让老师跳。

同学同学你莫笑，
哥们其实有人要。
吊民伐罪驱虎豹，
子路冲锋我吹号。

昼寝之谜

孔子说，宰予是朽木。

宰予字子我，所以也叫宰我。他是二期的，跟子贡还同为言语科，跟颜回和冉有则同期不同科。

冉有是政事科。

颜回是德行科。

言语科与德行科，不但培养目标有异，学生也性格不同：前者能说会道，后者沉默寡言。

孔夫子喜欢木讷的，他说：

刚毅木讷近仁。

刚是刚强，富贵不能淫。

毅是坚毅，威武不能屈。

木是质朴淳厚。

讷是拙于表达。

孔子认为，这样的人比较靠得住。

与木讷相反的，叫巧言令色。

巧言就是口齿伶俐，巧舌如簧。

令色则是春风满面，眉飞色舞。

孔子认为，这样的人不可靠，因为花言巧语和表情生动无非是为了讨人喜欢。所以他说：

巧言令色，鲜矣仁。

结果，言语科的学生总是被敲打。

比如宰予，比如子贡。

不过，子贡的待遇并不低：高级饭桶。对宰予就不客气了，那话简直难听之极：

朽木不可雕也，粪土之墙不可杇也。于予与何诛？

杇读如乌，泥工抹墙的工具，也指抹墙。

所以，这些话翻译过来就是：已经腐朽的木头不可以雕刻，粪土之墙不能粉刷。宰予呀宰予，你让我说什么呢？我都不知道该怎么骂你才好！

呵呵，都朽木粪土了，还说不知该怎么骂。

宰予，怎么就惹了老师？

据说，是因为昼寝。

昼寝就是白天睡觉，但不是上课打瞌睡。

孔子上课并不点名，也没有固定的教室，教学方法主要是聊天，再加上音乐伴奏。不想听可以不来，每次来的学生也不一样，比座谈会还随意，根本不可能发生由于上课打瞌睡而惹得老师生气的事情。

大白天睡觉也没问题。孔夫子当然喜欢勤奋好学的学生，却未必禁止午休，再说也没有作息时间表。

宰予挨骂，多半因为撒谎或者吹牛。

因为本章还有一句话：

始吾于人也，听其言而信其行；今吾于人也，听其言而观其行。于予与改是。

这话的意思是：过去我对一个人，是听他说什么就相信他会做什么。现在不同了。听他说什么，还要看他做什么和怎么做。让我改变态度的，正是宰予。

看来，事情也许是这样：宰予曾经信誓旦旦要勤奋学习，孔子也相信了，结果却是昼寝。

也许，被发现的时候还正打呼噜，说梦话。

孔子怎么能不骂他？

实际上，老先生是很看重信誉的。他说：

人而无信，不知其可也。

信是信任，也是信赖，还是信用。这是人与人之间为了社会稳定和自身安全而建立的关系。也因此，只有信守承诺，说话算数，社会才有稳定性，人们的心里也才有安全感。所以孔子才会说：

民无信不立。

宰予失信，当然是朽木不可雕也。

不过这也只是猜测。因为“听其言而观其行”这话未必就是在骂完宰予之后接着说的，也可能是后人编辑在同一章。但那家伙说话做事出格，曾经几次三番弄得老师下不了台，则恐怕确有其事。

本节故事见《论语》之《子路》《学而》《公冶长》《为政》《颜渊》

挖个坑让老师跳

跟子路一样，宰予也喜欢抬杠。

不过，这两个人性格不同，路数也不同。子路抬杠是胡同里赶猪，直来直去。态度虽然粗鲁，问题却并不难回答。宰予则是喜欢做白日梦的，梦里不知道都有些什么弯弯绕，提出的问题也刁钻古怪。

有一次，宰予问孔子：假如告诉一个仁德之人，有个好人掉井里了，他会跟着跳下去吗？

这是一道陷阱题。

为什么呢？

因为“好人掉进井里”并非事实，只是假设，而且孔子也知道是假设，所以反而不好回答。

如果说不跳？

什么？见死不救啊！

如果跳呢？

宰予便会笑嘻嘻地说：哈哈，井里没人。

结果，是仁德之人掉到井里去了。

这可是既考道德品质，又考智力水平的陷阱，堪称双重考验，请问孔子该怎么办？

他的回答是：

何为其然也？

什么意思？

说白了就是：你不能这么问。

为什么不能这么问？

因为不合**君子之道**。

君子之道是什么？

坦坦荡荡。

也就是说，你跟君子说话，必须要实事求是。有就是有，无就是无，是什么就肯定是什么，不能搞假设和比方说，何况救人也未必非得跳井。

因此，接下来孔子告诉宰予：

君子可逝也，不可陷也；可欺也，不可罔也。

这句话的意思是：对待正派的人，可以挑战，不能陷害；可以欺骗，不能愚弄。当真有人失足落井，正人君子肯定要救。但是，你不能故意弄个谁到里面，然后以救人为名把君子也弄进去。这就是**陷害**。

同样，你也不能哄骗君子，指着一口空井说有人掉在里面。等他下去了，又看他笑话。这就是**愚弄**。

陷害和愚弄，都不是君子之道。

挑战和欺骗，倒是可以的。

宰予无话可说。

那么，欺骗与愚弄，又有什么区别？

这个问题，我们到讲孟子故事时再回答。

现在还说宰予。

本节故事见《论语·雍也》

严重挑战

宰予真正叛逆，是反对三年之丧。

什么是“三年之丧”呢？简单地说，就是在父母亲去世以后，要披麻戴孝二十五个月。在此期间，禁止有任何的物质享受和娱乐活动，包括不能吃细粮，不能穿丝绸，不能听音乐，不能玩游戏，等等。

这就是孝，也是礼。

宰予却对孔子说：三年？也太长了点吧？

那么请问，多长时间合适？

宰予说：有一年就足够了。

孔子没想到还会有这种问题，循循善诱的他也只好耐心地问：父母去世不到三年，就吃细粮酒肉，穿绫罗绸缎，看歌舞表演，听音乐曲艺，你心里好受吗？

宰予说：好受呀！

孔子被噎住了。

他说：如果心安理得，你就那样做好了！一个君子居丧时，因为心里面充满悲痛，吃东西没有味道，听音乐不觉得快乐，住在自己家里睡不着觉，这才要穿麻布衣服，吃粗粮野菜，住墓边草庐。你既然不难受，那就吃你的细粮，穿你的丝绸，听你的音乐好了！

宰予听完，一声不吭退了出去。

奇怪的是，这回孔子却没有骂他，只是伤心地自言自语说了一大堆话。他说：宰予真是没有爱心呀！一个小孩子，生下来三年以后，父母亲才不抱他了。所以那三年之丧，是普天之下都要实行的嘛！

原来，守丧三年，是因为父母抱了三年。

如果没抱呢？

应该就不用。

难怪孔子最后会说：

予也有三年之爱于其父母乎？

这话也有各种翻译。

第一种：宰予难道就没有在父母那里得到过三年之爱吗？他怎么可以质疑三年之丧？

这是生气。

第二种：宰予不也跟别人一样在父母那里得到过三年之爱吗？他怎么会想到要质疑三年之丧？

这是惋惜。

第三种：宰予恐怕是没有在父母那里得到过三年之爱吧？要不然怎么会质疑三年之丧？

这是同情。

但不管怎样，三年之丧都源于三年之爱。

背后的深刻道理则是：

孝，就是对爱的回报。

所以，当父母的，一定要抱孩子。

你不抱孩子，孩子就没爱心。

到时候，也别怪他不孝。

那么，宰予有没有被父母抱过？

不知道。但可以肯定，他跟子贡一样是孔子的忠实信徒，对先生可谓心悦诚服推崇备至。宰予甚至说过这样的话：在我看来，我们老师比尧舜都贤明得多。

哈，骨灰级粉丝呀！

是的，然而一点都不奇怪。

挨过孔子训的，请问谁不是忠心耿耿？

子路挨骂最多，忠诚度也最高。

子贡也是。

何况孔子并不反对质疑。学生质疑，他当时也许会发脾气，但也总是会讲出自己的道理来，比如跟子路讲为什么要正名，就连回答宰予“你不能这么问”也说明了原因。要知道，不能这么问，并非不能质疑。

不能的只是“这么”而已。

相反，颜回从不唱反调，他还引以为憾。

这说明什么呢？

孔子清楚：

没有怀疑就没有真理。

可惜，这道理很多人不明白。

本节故事见《论语·阳货》《孟子·公孙丑上》

公西华的故事

有钱不如有人缘

戴花要戴大红花，
当官要当外交家，
说话要说顺溜话，
做人要学公西华。
衣轻裘，乘肥马，
还有同学管老妈。

如果老师自我表扬

跟子路和宰予相比，公西华要乖巧得多。

某次，有个名叫沈诸梁的人向子路提问。沈诸梁是楚国叶县（今河南省叶县）的长官，所以叫叶公。叶读如射。成语“叶公好龙”的故事，讲的就是他。

这位老兄不但好龙，对孔子似乎也有兴趣。

所以他问子路：你们老师是个什么样的人？

子路不回答。

不回答或许是答不上来，也可能因为三言两语很难说清楚，还可能是懒得搭理那个装腔作势的家伙。

孔子却认为应该而且可以回答。他对子路讲：你为什么不说：他那个人呀，用起功来就忘记吃饭，读起书来就忘记忧愁，完全不知道自己快要老了。

原文是：

> 发愤忘食，乐以忘忧，不知老之将至。

谁都看得出，这是孔子的自我表扬。

老师自我表扬，学生大多会捧场，至少，也会跟着说那么两句，子路却似乎没什么反应。

这情商也未免太低。

公西华就不会这样。

某天，孔子又自我表扬。

他对公西华说：我这个人其实没什么了不起。要说优点嘛，也就是工作学习不知道厌烦，教书育人不知道疲倦——**为之不厌，诲人不倦**，如此而已。

公西华马上说：这正是弟子们学不来的。

哈哈，反应好快。

那么，这算不算拍马屁？

有一点，但不全是，因为孔子的原话是：

若圣与仁，则吾岂敢？抑为之不厌，诲人不倦，则可谓云尔已矣。

很清楚，孔子的自我表扬是很克制的。他没有自吹自擂，说自己是圣人和仁人，引以为豪的也不过是热爱工作和学习。应该说，这基本属实。

同样的说法还有一次，原文是：

学而不厌，诲人不倦。

显然，孔子很看重他的这些优点。

老师自己看重，又没吹牛撒谎，公西华表示赞同不能算错。何况那时没有成绩单，没有家长会，连考试都没有，拍马屁没什么好处。再说公西华的推崇备至也可能发自内心，也可能觉得老师年纪大了，哄老人家开心而已。然而给人的感觉，却实在不佳。

学而不厌什么的能有多难？怎么就学不来？

何况这种话说顺溜了，也会有麻烦。

那该怎么办？

就算真心佩服，也尽量不要当面奉承。

如果老师自我表扬，最好不说话。

实在要说也得改成：这正是弟子们想学的。

本节故事见《论语·述而》

救济款事件

有一次，冉有和子路问了同样的问题。

子路问：听到了就做吗？

孔子说：父亲和兄长都在，怎么可以？

冉有问：听到了就做吗？

孔子说：当然，你还等什么？

公西华听不懂了。

他说：阿由问，听到使命该不该立即行动，老师说不要见风就是雨；阿求的问题一样，答案却相反。赤也愚钝，实在不明白这是咋回事，请老师指点迷津。

孔子说：很简单。冉求这人谨小慎微，所以要推他一把；仲由胆大包天，所以要拖他后腿。

但，公西华该怎么着，孔子没说。

没说，是由于用不着。

用不着，则因为他乖巧。

乖巧的公西华很让孔子喜欢，跟同学们的关系也非常好，尤其是跟善于理财的冉有。

结果，就出了一件怪事。

某年，公西华当了外交官出使齐国。这当然是让人高兴的事。奇怪的是，冉有却为他母亲申请救济。

孔子说：给小米六斗四升。

冉有说：能不能更多一点？

孔子说：那就再加二斗四升。

结果，冉有至少给了八十斛。

孔子不高兴了。他说：阿赤出国访问，可是坐着肥马拉的高级轿车，穿着又轻又暖的华贵衣服。我们君子做慈善，只能雪中送炭，不能锦上添花。

此事可疑。

请问，公西华出国，为什么要孔子给钱？

他出的究竟是公差，还是私差？

是替鲁君办事，还是替孔子办事？

乘肥马，衣轻裘，母亲又怎么会没钱用？

更难以理解的是，公西华的家里缺钱缺粮，他自己为什么不说，要冉有去向老师申请救济？

没有人说得清。

也许，公西华出的是公差，所有排场都靠国家财政拨款。可惜公款不能私用。挪用公款是不忠，母亲没钱是不孝。忠孝不能两全，公西华只能如此。

冉有却认为，一个人在外头风光体面，家里也不能穷兮兮的。但是这话并不能去对国君讲，也就只好向老师要钱。碰巧的是，善于理财的冉有当时正好担任了孔子的大管家，便自作主张给了一大笔。

谁说冉有谨小慎微来着？

如果想干，也没什么不敢的。

这件事没有下文，不知道多给的小米是不是被孔子追回，或者被公西华退回。大概没有。因为孔子的一贯主张，是过去的事情就让它过去，叫**既往不咎**。

看来，家里再有钱，不如有个好人缘。

公西华会做人，所以吃得开。

冉有呢？

孔子说：这家伙应该狠揍一顿。

本节故事见《论语》之《先进》《雍也》《八佾》

差点就挨打

孔子怒火万丈，要开除冉有的学籍。

发飙倒不因为冉有替公西华要钱，这时的冉有也不再是孔子的大管家，而是季康子的。季康子是鲁国世袭的执政官，权力和财产其实比国君还大还多。到季康子那里去打工，实际上就是当官。

孔子很赞成学生从政，何况这事也跟他有关，因为鲁国的这位执政官曾经请孔子推荐人才。

季康子问：子路这个人，可以让他当官吗？

孔子说：阿由果敢刚毅，当官算什么！

又问：子贡这个人，可以让他当官吗？

孔子说：阿赐通情达理，当官算什么！

又问：冉有这个人，可以让他当官吗？

孔子说：阿求多才多艺，当官算什么！

另一次，孔子还夸过公西华。

结果，冉有成为季康子的大管家。

说起来这是好事：冉有解决了工作问题，季康子有了得力助手，孔夫子也算了却多年的心愿。

但是，冉有很快就发现，他的日子并不好过。因为时代变了，季康子的执政理念跟孔夫子的政治主张完全相反。在老板和老师之间，他只能选择老板。

孔夫子也很快就不满意。

不满的事情挺多，比方说季康子公然以大夫的身份祭祀泰山，冉有却表示不能阻止。但最让孔子气愤的是季康子已经富可敌国，却还要搞税制改革，增加人民的负担。这件事，孔子曾经告诫冉有不可实行。但不知是冉有说了没用，还是根本就没说，改制雷厉风行。

于是，孔子的愤怒便像火山爆发：

非吾徒也，小子鸣鼓而攻之可也！

那么，揍了没有呢？

好像没有。

再说，孔夫子也不是主张动粗的人。

因此，这话一般都翻译为：同学们，你们可以大张旗鼓地去声讨反对他！

不过，这事同样没有下文。

冉有也好像并没有被开除。

现在看来，孔子的学生真是无奇不有，有挨骂的也有差点就挨揍的。顶嘴吵架闹别扭，拿怪问题刁难先生或者抬杠顶牛之类，也都一应俱全。

但是奇怪，所有学生都爱他们的老师，包括挨骂的宰予，挨训的冉有，被敲打的子路和子贡。周游列国时孔子被围困在陈蔡之间，学生们也都不离不弃。

孔门师生就像虽然拌嘴却又亲亲热热的一家人。

为什么会这样呢？

当然因为他们的老师。

这，恐怕才是更该去了解的。

本节故事见《论语》之《雍也》《公冶长》《八佾》《先进》

易中天

1947 年出生于长沙

曾在新疆工作，先后任教于武汉大学、厦门大学

现居江南某镇，潜心写作

胡永凯

1945 年生于北京

曾从事美术电影及连环画、绘本创作，多次获国内外奖项

现为中国国家画院研究员，作品被中国国家博物馆、中国美术馆收藏

论语故事（上册）

作者 _ 易中天　　绘者 _ 胡永凯

编辑 _ 王光裕　　装帧设计 _ 于欣

技术编辑 _ 白咏明　　执行印制 _ 刘淼　　策划人 _ 王誉

营销团队 _ 魏洋 张艺千 成芸姣

鸣谢

贺彦军

果麦

www.goldmye.com

以 微 小 的 力 量 推 动 文 明